JN437848

가을겨울봄여름

가을겨울봄여름

장성호 시집

문학의전당

自序

새날이 밝았습니다
지난밤 달님의 죽음이 있었기에
새날이 붉게 떠올랐습니다
달님의 죽음은
타자로 가는 인격적인 죽음입니다
새날이 힘차게 떠올랐습니다
그날이 오면 만물은 저마다
신에게서 구원과 복음을 구합니다
그 신은 도래할 희망입니다
어머니의 자궁입니다
달님의 아이,
새날이 뜨겁게 떠올랐습니다

차례

2부 겨울

3부 봄

4부 여름

1부

가을

추어탕

꼭두새벽
초량동 할매 추어탕집
주둥이 내밀고 잔소리하던 영감탱이
수염 달린 입가에 왕소금 뿌리자
괴괴한 해감 토해냈다
손끝으로 한 양동이 뼈째 곱게 갈아
시래기나 고사리 같은 나물거리 넣고
미꾸라짓국 한 솥 끓여냈다
입소문 나 할배들이 몰려와
점심나절 동났다
감나무에 가을 주렁주렁 달리던 그해
늘그막 바람나 딴살림 차렸던 영감탱이
채 달포 못 가 쪽박 신세로 돌아와서도
할매 끓여준 미꾸라짓국 한 그릇
다 비우고 용트림했다

아베마리아

가을 햇살 머금은 아파트 창가
정오 음악방송에서
아베마리아 선율이 흐르고 있다
붉은 벽돌건물 언덕받이 아래
한 사내와 손잡고 걷고 있는
배가 남산만한 주름치마
맑은 미소를 지으며 묵주
손끝으로 한 알씩 넘긴다
맑은 기도 하늘에 닿듯이
소프라노 고음이 불타오르자
겨드랑이에 낀 성경책 책갈피도
절절이 기도한다
천사 가브리엘은 마리아에게 말을 했다
"축원하도다, 은혜를 받은 자여,
주님이 그대와 함께 하시도다"(누가 1장 28절)
엘리자벳이 큰 소리로 말했다
"여자들 가운데 그대는 복이 있도다
그리고 태중의 아이도 복이 있도다"(누가 1장 42절)

문상

발자취 드문 지하상가 1호실
흰 봉투 하나 내놓고 받아든
노란 국화 한 송이
반갑게 맞아 주시는 할아버지
왼 가슴에 고이 달아 드렸다
큰절 두 번 올리고 나니
잊지 않고 찾아 주어 고맙다며
두 손 꼭 잡아주시는 눈 맑은 영혼
가지런히 벗어놓은 구두 두 짝
할아버지 덕담에 귀 기울였다
바쁜데 찾아 주어 고맙다며
홍어회 한 접시랑 술 한 병 내놓으셨다
가을 물들어가는 고향 선산으로
아침 일찍 떠나시는 할아버지,
서둘러 몸 정갈하게 씻으시고
새 옷으로 갈아 입으셨다
허리끈 꽁꽁 묶으시고

전어

가을 밤바람에 살랑거리는 깃발
시어 도시락 한 상자 6천 냥
뼈째 잘게 썰어드립니다
초량동 사찰 앞 수족관 트럭
희끄무레한 가로등불 아래
그물 국자로 막 건져 올린 은백색 시어
깨가 서 말 들어 있는 대가리 잘라내고
곧추선 꼬리지느러미 떼어낸다
통통한 뱃속의 내장도 비워낸다
한 줌밖에 되지 않는 시어 토막
시퍼런 칼질로 날것에 힘이 붙는다
오돌오돌 통째로 잘게 썰어 담은 도시락
초고추장 한 통 얹어 마침표를 찍는다
칼잡이 자필 사인한 가을 시어
줄을 서서 기다리는 산동네 남정네들
집 나간 아내 돌아오기를
손꼽아 기다리며,

어머니 밥상

비릿한 바람
가을의 문턱 넘어서는 칠암식당
삼대째 칼 잡은 주인집 할머니의
손끝이 분주하다
앞바다에서 막 건져 올려 고슬고슬한
밥 한 상 차리신다
오래된 대나무 쟁반에 소복이 담긴
쌀밥이 꼬들꼬들하다
살 오른 실 붕장어 세꼬시에서
기름기와 물기 쪽 빼낸 새하얀 밥알,
한 숟갈 듬뿍 떠 상추에 싸서
초고추장에 버무린 잘게 썬 양배추
얹어 먹으면 고소한 바닷냄새로
입에 척척 감긴다
가을만 되면 고향 찾아 와
칠암 앞바다 어머니 밥상 받아 드는
떠돌이 김씨,

재첩국

가을 햇살 따가운 산동네
간밤 거나하게 술에 취한 아침결
간드러진 아리랑 아라리요
국 사이소, 국 사이소
저 멀리 푸른 바다 머금은 창문 아래
색바랜 시멘트 계단 오르는
김이 모락모락 나는 빨간 고무대야
이불 개고 한참만에 문밖 나서자
몸빼바지 입은 꼬부랑 할매
한 맺힌 국 한 대야 다 팔고
골목길로 사라지는 쪽진 뒷모습
낙동강가에서 할매랑 가막조개 잡던 할배
조개 씨 마르자 술만 퍼 드셨다
그해 가을, 집 나간 외아들 객사 소식에
빈 술독만 남기신 할배
이제 할매는 섬진강 가막조개로 푸른
눈물 국 끓여 내신다
할배 제사상에 손수 끓인 국 한 사발
올리시는 할매,

귀향

명절날
외딴섬 둠벙 붕어바위 포인트
수염 덥수룩한 김씨
밤새 헛 찌올림만 하고 있다
안개 낀 수면 아래 수런거리면
굳은살 박힌 손바닥
묵직한 입질에 찌릿찌릿해진다
삶과 죽음의 선 밀고 당기는
팽팽한 대결 끝나면
주둥이 날 선 갈고리에 꿴 채
월척 한 마리 가쁜 숨 내쉬고 있다
눈 뜨고도 그만 고기밥 덜컹 물어
고향에 못 가는 신세
가슴 쓸어내리며 방생하는 김씨,

새조개

철새 날아드는 남해 쪽빛 바다
뭍으로 쏙 들어간 곳
개흙 모래땅 속 앉은뱅이 새가
들썩들썩거린다
몸에 물결무늬 외투 걸치고
날고 싶어도 날 수 없는 새
산란기, 긴 발로 기어다니다
새잡이꾼의 손끝에 부서지는 날개
가을 바닷가 갈매기횟집
먹이주머니 갈라 펄 흙 헹궈낸
새부리 모양의 속살 한 접시,
살짝 데친 속살이 혀끝에 녹는다
가을 바다 담은 소주 한 잔
목구멍 속으로 미끄러지자
불덩이 몸이 새가 되어
저 멀리 날아간다

홍엽

고향집 곳간 정리하다가
학창시절 손에 달고 다녔던
낡은 시집 책갈피에서
넓적한 손바닥 하나 나왔다
손금 보니 손이 크고 여문 것이
영락없는 다복할 수상
종갓집 며느리로 들어와 큰살림
척척 해내신 어머니
홍단풍이 곱게 물든 그해 가을
두 손 모아 뜨거운 나뭇잎 하나
주워 건네주셨다
검붉은 손바닥에 새겨진 소망
서기 1976년 11월
대입 합격 기원하며,

감포횟집

가을을 배웅하러 간 감포 앞바다
맑은 햇살 바위에 부딪혀
은빛 파도 떨고 있었다
전망 좋은 바닷가 횟집
바닷내음 짙게 밴 첫 술잔에
뱃속까지 짜릿했다
맛보기로 내놓은 멍게 속살은
메마른 대추알 씹는 맛
성질 급한 사내들의 조루 탓이라는
쥔집 아줌마의 걸쭉한 육담을 안주 삼아
잿빛 바다를 벌꺽 들이켰다
시원섭섭한 대구 포항 간 고속도로 새 길
뼛속까지 휑 뚫렸다
이즈음 사람 보기 힘들어졌다고
울먹이는 감포 앞바다 문무대왕,

만두

밤새 눈썹이 하얗게 세도록
반달 한 소쿠리 빚으신 어머니
아들놈의 큰절 받으시자마자
가마솥에서 큼직한 놈 한 접시 담아
밥상 차리셨다
주름진 손자국이 남아있는 반달
뱃속에서 푸른 눈물 배어 나왔다
걸신들린 듯 뚝딱 비우자
반쪽 얼굴로 미소 짓는 어머니
떠나는 아들놈에게 푸른 알이 꽉 찬
날것 한 움큼 싸 주셨다
저 멀리서 손 흔드시는 어머니 입가
분홍색 반달이 떴다

시장통 할매

찬비 내리는 초량 시장통
좌판대마다 우산을 세운다
기둥 허리는 휘어져 비틀대고
살과 살이 맞닿은 곳엔
붉은 녹이 짙게 배어 있다
비 오는 산 속 저 꼬부랑 할매
시린 왼 무르팍 절룩거리며
줄을 붙들어 맨다
단골 장씨에게 남은 단감
떨이로 몽땅 판 목이 쉰 할매
새까만 앞치마 주머니에서
천 원짜리 지폐 한 묶음 꺼내
침 발라가며 세고 있다
죽지 않는 시장통 할매,

우산

이른 아침 추적추적
가을비 내렸다
비좁은 복도마다 활짝 핀
나팔꽃들이 제 몸 맞대고
수런수런거렸다
오색 무늬 꽃들이 토해내는
오묘한 합창
귓전에 맴돌았다
날이 저물어
제 몸에 맺힌 물방울이 빠지자
어디론가 자취 감췄다
텅 빈 복도 맨바닥에 짙게
물든 꽃물 자국,

미장원

한 달 기른 배추머리 뒤편
가위 들고 서 있는 원장님
망나니처럼 머리에 물 뿌리며
한 움큼씩 잘라낸다
성긴 빗 사이 삐져나온
돼지털을 서걱서걱 깎아낸다
목수처럼 전기 바리캉질
검은 톱밥이 휘날린다
머리 감고 숨어 있던
새치까지 찾아낸다
거울 속 낯선 자 말쑥하다
한 달 전 긁적이던 배추글
수백 번 가위질하니
고갱이만 남았다

노숙자

해질 무렵 부산역 광장
신줏단지 실은 리어카가 멈춰서면
사방에 널브러져 있는 검은 위패들
한 곳에 모여든다
사열종대로 서 있는 위패들
엄숙하게 차례를 지내고 있다
신줏단지에서 갓 퍼낸 수제비 한 그릇
숟갈 하나 위패 앞에 놓여진다
위패는 저마다 제 밥상을 들고
그늘진 의자로 돌아가
멀건 삶이 떠도는 국물을 들이킨다
찬바람 불어오는 가을 달밤
광장 바닥, 신문지 깔고 새우깡에
막걸리 한 사발로 밤을 지새운다
새벽녘 의자마다 달라 붙어있는 새우등
꿈속, 신줏단지 리어카 저 먼 곳으로
끌고 가고 있다

2부

⋮

겨울

다림질

한겨울 새벽녘
잠옷 걸친 낯선 여인이
우두커니 뒤돌아 앉아 있다
느린 손놀림으로 사내 목덜미의
뭉친 근육을 풀어주고
굳은 등짝엔 물 뿌려가며
꾹꾹 눌러준다
한참 눈 가늘게 뜨고
팔꿈치에 박힌 오래된 군살
무딘 손끝으로 긁어낸다
사내의 뱃살 주름을 펴려고
안간힘을 다하고 있는
저기 억척스런 여인,
사내의 몸이 새털처럼 가벼워지자
침대 모서리 붙들고 서서
한동안 한 쪽 다리 절고 있다

구원

칠레 리노테르마르
몸집이 작은 개구리
한 무더기 알을 낳았다
그들의 아비는 혀로 새끼들을
삼켜 소리 샘에 넣었다
그날 이후로
좋아하는 소리를 못 지르고
좋아하는 날파리도 못 먹고
두 달 입 다물고 있었다
알들 부화되어 토해내자
쏜살같이 도망치는
저 올챙이들,
아비는 탈진하여 죽었다
설날 고향집
아버님 좋아하시던
정종 담배 사들고 갔다

생일날

선달 스물여섯 날
시뻘건 동굴 문 열고
두 발 먼저 삐져나오자
늙은 산파 얼굴이 새파래졌다
삼신할머니 조화로
두 귀 매끄럽게 빠져 나왔다
어머니는 몇 날 며칠 푹 삶은
미역국을 꾸역꾸역 드셨다
황천길 문턱까지 갔다 온
모자간 끈질긴 인연
매년 그날이 돌아오면
나는 어머니의 살을 먹는다

목소리

새해 벽두부터
손전화 수신메시지에
빨간 불이 꺼질 줄 몰랐다
지인들이 보내온 새해
축하인사 메시지
재빠른 손가락질로 판에 박은
답례를 하는 순간
친구의 발신 전화번호 떴다
친구야 ! 새해 복 많이 받고
시간되면 꼭 한번 만나자꾸나
그 부드러운 목소리
귓전에서 사라지자마자
고향 부모님께 새해 인사
전화 올렸다
가정의 건강 축원해 주시는
그 정감어린 목소리,

전야제

겨울 동해바다로 떠났다
다닥다닥 붙은 주문진 쪽방들
붉은 등불 밝히고
밤손님을 기다리고 있다
유리 진열장 속 미끈한 몸매
충청도 아줌마와 값싼 흥정 마치고
푸른 창가에 자리 잡았다
발가벗긴 바다 한 접시 올려지자
눈망울이 붉게 물들었다
속살 얇게 뜬 슬픈 자들 위하여
건배 올리는 남정네들
파도가 가슴속으로 밀려오자
지은 죄 사해 달라 기도하며
술잔에 가득 부어 마셨다
동해바다 바닥 드러낸
성탄 전야,

눈꽃산행

눈발이 휘날리는 도봉산역
출구 나오는 이방인들
멍한 눈동자엔 눈꽃이 맺혔다
YMCA 다락원 캠프장
하얀 옷을 입은 맑은 영혼들이
반갑게 맞아주었다
하얗게 부서지는 바위에
시퍼런 칼날자국 오롯이 남기며
하얀 관 메고 줄지어 올라간다
붉은 해가 하얀 하늘을 찢자
금빛 눈보라 쏟아지는 하산 길
식당 배식구 앞 배고픈 영혼들
벌써 내려와 스텐 식기 들고
하염없이 줄 서 있다

김장

앞마당 우물가에 둘러앉은
소복 입은 아낙네들
온종일 짭짤한 수다에 붉은 눈물
버무려 빈 독 채웠다
뒷마당 양지바른 곳
남정네들 언 땅에 구덩이 파고
새끼줄로 감아 배불뚝이 독 내려놓았다
곡소리에 맞춰 흙 되덮고
언 발로 꼭꼭 밟아주었다
가마니 봉분 만들어지자
겨우내 일용할 양식에 머리 숙였다
뒤풀이로 장작불 옆에서 구수한
배춧국 한 그릇 다 비우면
쑤신 삭신이 싹 풀리신다는 할머니
그해 동짓날 눈 감으시자
양지바른 곳에 묻어드렸다

붕어빵

을씨년스러운 초량 시장골목
삭은 연통에서 솟는 뿌연 연기
포장마차 아저씨 목장갑이 분주하다
푸른빛 돋아나는 모닥불
무쇠 붕어 떼가 원을 그린다
강강술래 강강술래 강강술래
주전자 주둥이로 걸쭉한 막걸리
한 잔 부어주고
쫀득한 건더기 한 점 떼어주자
입 다문 채 용트림하는 붕어 떼
비늘이 벌겋게 익어 가면
목장갑이 휘두르는 쇠꼬챙이에
코 꿰어 끌려오는 말랑말랑한 붕어빵
붕어빵 장수,
단돈 3천 원에 몽땅 팔고
저 먼 곳으로 마차 밀고 간다

오징어

가로등불 아래
휴대용 버너의 가스불에
뒤틀려 주름잡힌다
해와 바람에 견뎌온 너
푸른 불에 몸을 맡기고
수축과 응축을 반복한다
살 속 깊이 스며드는 강렬함에
돌돌 말아져 빈 대롱이 된다
부산역 광장,
검게 탄 네 눈깔을 파먹고
술냄새 풍기며 비틀대는 이방인들
옆에서 네 다리를 씹으며
소주병 나발을 불고 있는 노숙자들
그들의 눈 속에 비친
말라비틀어진 네 눈깔도
울고 있다

마우스 증후군

배고파 울고 있다
그녀가 긴 손마디로 보듬자
곧 울음 멈추는 마우스
뱃살에서 붉은 피 새나온다
핏줄들이 여명을 알린다
뱃살이 매끄러운 침대 위에서
좌우상하 부드럽게 춤춘다
그녀와 일체가 된 사이보그
붉은 피가 식어가자
매끄러운 침대도 싸늘해진다
마우스가 구멍으로 빨려 들어간다
그녀는 담배 한 대 피우며
마비된 손마디를 어루만진다
양손 깍지 껴 비튼다
다시 도진 마우스 증후군,

적막

살이 타는 외로운 밤
촛불 하나씩 손에 들고
들끓는 광장에 모여든다
저마다 목에 울퉁불퉁한
힘줄 세우고
하늘을 찌르는 소리 없는 함성
발밑 부서지는 대지도
쇳물처럼 들끓어
요동치는 붉은 존재들
불덩이는 끝없이 타올라
잠 못 이루는 욕망의 밤
뜨거운 존재들
뜬눈으로 하얀 새벽 맞는다

잃어버린 얼굴

눈 감고 벽을 본다
벽 속의 작은 구멍엔
시간 벌레들이 우글거린다
컴퓨터 바이러스처럼 증식된다
입구도 출구도 없는 미로
깊고 깊은 주름진 절벽을
더듬어 기어오른다
커튼을 펼치고 접는다
밝음과 어둠이 반복된다
손끝을 벽에 가만히 대본다
꽉 찬 벽이 무너지고
텅 빈 벽이 세워진다
잃어버린 얼굴을 되찾고 있다

입시생

월요일부터 금요일까지
저 높은 곳 치달아
꼿꼿이 서서 지내왔다
발바닥엔 군살 박히고
척추도 어긋나 있다
휴일이면 방바닥에 큰대자로
누워 뒹굴었다
뭉친 근육이 서서히 풀리고
뼈마디가 숨 쉬고 있다
저 고3 아들 녀석
서지도 눕지도 않고
곧추앉아 날밤을
새우고 있다
참선하는 스님이다

건어물 세트

숨 가쁘게
골판지상자 하나 배달 왔다
봉인된 누런 가슴속 열어보니
바닷냄새 쏟아져 나왔다
텅 빈 가슴팍에 꼬옥 붙어있는
명함 크기만 한 하얀 봉투
자갈치 시장 곰장어집 소주친구였던
지인의 얼큰한 글귀
"즐거운 설 보내세요"
세상에서 오직 한 사람만을 위한
고귀하고 드문 선물
나는 추억을 질겅질겅 씹으며
기장돌미역 밑동 뜯고 있었다
순간 떠오른 어머니 얼굴,

길

창밖
눈발이 날리던 저녁 밥상
밥숟갈 벼락같이 내려놓고
황급히 사라지는 두툼한 그림자
제 몸처럼 쓸고 닦아온 인생길
구석구석 하얀 뼛가루 뿌렸다
새벽녘 천정 떠나가는 코골이
벽에 걸린 모자도 들썩거렸다
이튿날 구불구불한 고갯길
청소하는 덥수룩한 도로원 김씨,
문득 날아온 편지 한 통에
얼었던 온몸 사르르 녹았다
아저씨!
펑펑 눈 내리던 날
고향 잘 다녀왔습니다

3부

봄

뱃길

저 멀리 부산 친구 떠나간다
하얀 손수건 흔들며
출정가 부르는 데모크라시 1호
일렁이는 비취 치마 가르고
하얀 눈물 뿌린다
무인도 등대 떠나간다
머리에 은비녀 꽂은 아낙네
치마 허리선이 간들거린다
거가대교 다릿발 떠나간다
출렁이는 황토 치마 가르고
누런 눈물 뿌린다
쌍둥이 큰 바위섬 떠나간다
두터운 뱃살 드러내자
철렁 내려앉는 내 청춘
저 멀리 장승포 친구 손짓한다
고맙게 마중 나온
대형 크레인,

즐거운 반복

봄 햇살에 기지개 펴는 초량동 산동네 집 옥상
일광욕하고 있는 쌍둥이 LPG 가스통
벽체 균열 사이 새겨진 연둣빛 용그림 이끼떼
봄 이야기에 빠져있는 난쟁이 화분 속 잡초들
이질적인 오래된 친구들이 한데 어울려
자아내는 오묘한 풍광이다
꽁초 담배 문 노파가 병목 계단에 오른다
빨랫줄에 걸린 알록달록한 손빨랫감들
고이 가슴에 간직한 비밀이 펼쳐진다
어제는 구멍 난 팬티, 빛바랜 속치마, 검은 양말
오늘은 살색 브래지어, 하얀 블라우스, 하얀 셔츠
도래할 미래는 희망이라는 빨랫감
세계－내－삶은 단 한 번 던져지는 주사위놀이다
세계는 식별 불가능하고 측정 불가능한 어두운 심연
예측 불가능한 삶은 즐겁게 반복된다
다채로운 삶이 무한히 변주된다
시시각각 옥상에서는 각본 없는 극적인 삶이 벌어진다
도래할 미래의 삶은 얼굴 없는 칠판
차이 나는 것이 쓰여지고 지워지고 지워지고 쓰여진다
긍정의 긍정이 무한 반복된다
그 칠판은 시간이 만들어내는 선물

전단지

꼭두새벽
아파트 출입구 바닥에
널브러져 있는 낯선 여인
임산부처럼 자랑스럽게
아랫배 내밀고 있다
얼른 침대로 데리고 간다
겹겹이 껴입은 까만 무늬치마
살포시 들추자
화려한 의상의 늘씬한 공주들
잘 차려입은 귀공자들
입맛 돋우는 햇과일들이
마구 튀어나온다
새봄을 알리는 전령사,

시간그물

따스한 봄날
부산 초량동 산동네 골목길
출구 없는 거미줄 같은 미로
사랑하는 사람 떠나보낸 아낙네
검은 망사 모자 쓰고 울음 참는다
철조망 울타리에 갇힌 사람들
녹슨 그물망에 매달린 슬픈 눈
거미줄에 걸려든 날파리떼
도망치려 할수록 미궁에 빠진다
촘촘한 그물코에 걸려든 멸치떼
은빛 날개 퍼뜩이며 날뛴다
시속 100킬로 달리는 대포알 슛
찢어질 듯 달아나는 그물망
핑크빛 망사 스타킹의 늘씬한 다리
일상의 단조로움 깨뜨린다
걸려든 자
빠져나가려는 자
되돌릴 수 없는 시간그물 속에서
포획과 탈주가 반복된다
관통할 수 없는 자

관통하는 자
보이지 않는 시간그물 속에서
관계매듭이 반복된다
만물은 시간그물의 산물

선술집

비 오는 날이면
시끌벅적한 초량동 골목
목마른 대지를 적시며
한 잔 술에 고향이 떠나간다
양철 지붕에 쏟아지는 빗방울
어머니 젖처럼 술술 넘어간다
무쇠 솥뚜껑의 삼겹살이
하얗게 꽃 피기도 전
배는 만선이 되어버린다
컬컬한 구멍으로 거침없이
흘러 들어가는 강물
밤새 빗줄기가 깊어지면
참새들의 입술 부딪히는 소리
술집은 떠나간다
그날 이후
새들의 입안엔 물집 들었고
혓바닥엔 바늘 돋았다

고등어

비오는 날이면
아버지는 뼈마디 쑤신다며
등판에 부항을 뜨셨다
소인배들의 등쌀에
피멍이 굽은 등에 들었다
한때 늘 푸른 바다로
친구와 떼 지어 다니셨다
엊그제 친구분이 간고등어
열 손을 보내왔다
저 등 푸른 영혼도 바닷속을
휘저으며 뽐냈을 것이다
저녁 밥상에 올라온
고등어구이 한 접시,

명태와 술꾼

함경도 명천 아바이집
출근하는 단골 술꾼들을
엿보는 태서방
멍석 깔고 나와 무딘 칼로
해동 덜 된 명태의 잠을 깨운다
점심시간이 되자
태서방 집으로 쏜살같이 몰려가
시원한 생태지리 한 사발로
해독 덜 된 영혼을 달랜다
퇴근 시간에 입안이 술렁거리면
황태구이집에 가 있는 발걸음
12월 하순 제 속 다 비워내고
눈보라 형장에 목 매단 명태
봄까지 얼기와 녹기를 반복하여
황태로 부활한다
이른 아침 술 덜 깬 남편에게
북어국 끓여주는 아내,

가마솥

부뚜막 아궁이의 싼 장작불
보리밥이 익어간다
달빛 아래 장인의 혼으로
빚어져 세상 밖으로 나온 무쇠솥
가녀린 어깨에 쇠짐을 지고
뜨거운 아픔을 참아내며
새 생명을 출산한다
흘린 눈물은 뭉근한 불로
오래도록 말려야 녹슬지 않고
숯덩이 가슴은 들기름 곱게 발라
말려야 윤기를 간직한다
도래할 솥은 소박한 희망,
존재하지 않는 시간 속에서
그 자체로는 희망없이 존재한다

담쟁이

우리 아파트 건너편
오래된 붉은 성당이 하나 있다
시간그물이 엉켜 붙어 있는 담장
불 덴 눈썹 아래 시퍼런 입술
저기 녹색그물
어머니의 손길로 감싸준다
담장 아래 어둡고 습한 그늘
뿌리 뽑힌 자들이 질긴 생명줄을
맞붙잡고 저 높은 곳을 향하여
기어오르고 있다
중력을 거부하는 성스러운 용틀임
해를 묵힐수록 빛바랜 줄기엔
가시 같은 비늘이 돋혀
붉은 담장과 한몸이 된다

손맛

음력 사월 초하루가 되면
소래 포구에서 어머니는
알밴 꽃게 한 다라이 사오셨다
수건을 머리에 두르시고
마당에 솥단지 걸어놓고
간장을 뭉근한 불에 오래 끓이셨다
식힌 간장에 참게 넣고 삭혀
간장게장을 만드셨다
그 어린 시절
암게의 앞가슴 풀어헤치면
노란 꽃송이 따고 싶었다
아버지가 다 드신 빈 게딱지에
밥을 꾹꾹 비벼 먹었다
햇살 먹은 장독대 항아리 안에서
참게 한 마리 꺼내시는
어머니의 주름진 손,

고향

초량동 시장 골목길 고향식당
날 선 칼에 뼈마디가 잘려
목포 세발 낙지 혼절해 있다
바닷가 뻘 냄새에 취해
입가의 잔 주름들 시끌벅적하다
초고추장 찍어 한 점씩
굴속으로 빨려 들어간다
서편제 술잔 바닥이 보이고 있다
눈 밑에 새겨진 주단 물결도
썰물처럼 서서히 빠져나가자
흑산도 홍어회 칼로 얇게 져며
밀물처럼 밀려온다
먼 바다 비린내에 취해
콧등의 잔주름들 고요하다
홍어회 한 점에 고추 깨소금 입히고
묵은 김치 혀끝에 올려지자
폭포수처럼 터지는 눈물
나는 술잔에 바다를 담아 마신다

넥타이

빛바랜 옷장 속
꽃무늬들이 칼을 갈고 있다
거울 속 잠 덜 깬 목에
긴 칼을 매달고 있다
턱 밑 스치는 봉긋한 칼집에
짙게 스며든 꽃물결
박쥐처럼 중력에 버텨가며
모질게 매달려 있다
칼 빛깔이 낮빛 타고 춤춘다
봄날, 길가에 꽃무늬 축제가 벌어지고
날카로운 칼에 꽃물이 든다
날 선 칼에 목 베인 이방인들
그들의 아비는 검은 칼을 빼들고
느림의 강물 속으로 달려간다

타인

초량동 상하이 거리
이방인의 발걸음이 분주하다
세탁소 문턱에 들어서자
여주인이 내 이름을 불러주었다
나는 가식의 꽃이 되었다
연애시절 푸른 잔디밭에서
아내가 내 이름을 불러주었을 때
나는 존재의 꽃이 되었다
내가 그녀의 이름을 불러주었을 때
그녀는 사랑의 꽃이 되었다
마음속으로 수없이
내 이름을 반복하여 불러주었을 때
낯선 몸뚱이만 남았다
세탁소 거울 속에 비친 또 다른 나
그는 슬픈 미소의 무명초,

엘리베이터

고층 아파트엔
타인들의 빈 공간이 있다
익명의 아무개들이 드나드는 곳
채 한 평도 안 되는 은밀한 곳에서
열림과 닫힘 상승과 하강이
숨 가쁘게 반복된다
침묵의 강에 발을 담그는 자들
이방인이 된다
손가락으로 천국행 숫자를 누르고
멀리 떨어져 있는 저 목석들
낯섦의 강에 발 담그면
어머니 젖가슴이 된다
느리게 사는 자들의 합성
희망의 문 열리기만
손꼽아 기다린다

놋대야

할머니 제삿날
다락방 나무계단 오르면
선반에 오랜 미래가 있다
할머니가 달고 사시던
밑바닥이 매끄러운 우물
할머니는 죄지은 세 뿌리는
독기를 빼야 한다시며
따끈한 우물에 푹 담그셨다
잔주름진 입술엔 꽃물이 들고
골이 팬 손등엔 고운 살결이 돋고
시들은 숲엔 꽃이 피었다
비 오는 날이면 수세미로
손수 우물을 닦으시던 할머니,
저 멀리 떠나시던 날
전생 뜨거운 불에 달궈져
수천 번 매질에도 참았던 울음
토해내고 있었다

4부

여름

모나리자의 미소

빨랫감으로 벗어 던진 바지
뒷주머니에서 손바닥만한 세종대왕
초상화 몇 점 나왔을 것이다
횡재했다며 돼지저금통에 꼬깃꼬깃
쑤셔 넣는 억척스런 손
세종대왕만이 아내의 비밀을 알고 있다
인적 없는 초량동 거리
세탁물 찾으러 문턱에 들어서자
여주인이 비닐커버에 싸서 건네주는
이황 퇴계 초상화 몇 점
양복 안주머니에서 잎새 한 장 나와
거스름으로 건네준다는 해맑은 손
안녕히 가입시다
저 모나리자의 미소,

하바로브스크

유리창에 빗방울 맺힌 밤
초량동 외국인 상가
뒷골목엔 인적이 드물다
영어 알파벳이 보드카에 취해
뒤죽박죽 붙어있는 러시아 술집 간판
화장기 짙은 금발머리 여인
처마 아래 쪼그리고 앉아
담배 연기를 하바로브스크로
날려보낸다
우산 속 남자에게 붉은 입술 뗀다
어서 오이소 어서 오이소
허기진 배 움켜쥔 사내는
중국집으로 발길 돌린다
마파두부밥에서 김이 난다
왕서방은 허리 반쯤 굽힌 채
시꺼먼 입술 뗀다
어서 드이소 어서 드이소
동남아 사내가 창문 밖 서성이며
소낙비에 흠뻑 젖는다
하바로브스크 안으로 사라진다

비 내리는 밤이면
고향이 그리운 이방인들,

송곳니

고향집 뒤뜰엔
정으로 잘 다듬은 송곳닛돌
켜켜이 쌓아 올린 돌담이 있다
단단한 흙더미 받치고 있던 돌담
시퍼렇게 이끼 낀 채 아랫배 나왔다
석축 배꼽에 난 송곳닛돌 하나
실금이 가고 건들거렸다
비바람에 들쑥날쑥한 송곳닛돌
머지않아 콘크리트담으로 새로
지어질 것이다
불혹의 나이에 들면서
금빛 옷 입힌 어금니 옆 송곳니
소슬 바람에도 시큰거렸다
그해 생신날
밤 늦게 도착한 아들에게
욕봤다며 너털웃음 짓던 아버지
그만 틀니 툭 튀어나왔다

바나나

저녁녘 초량동 시장 좌판
멍든 눈으로 팔려가길 고대하는
누런 옷 입은 초승달 여인들
단돈 이천 원 떨이로 횡재를 했다
초량동 독신자 숙소 창가
부산 앞바다 초승달 하나
건져 올렸다
숨죽이고 노란 옷 벗기자
말랑말랑한 속살이 혀끝에 닿았다
브람스의 무언가 흐르고
첼로 울음소리 묵직하게 울려퍼졌다
깜박 잠들던 내 다리 사이
초승달 그림자 드리워졌다
한여름 밤의 꿈,

자음과 모음

불 꺼진 자판 속
한글 자모들이 말을 더듬는다
다른 세계에서 자라온 이방인들
자판 위 작은 별이 빛나면
자모들의 엉덩이가 들썩인다
손끝이 자모들의 들뜬 가슴을
살포시 어루만져 주면
자모들은 달궈진 몸 비비고
스크린 침대에 누워 한몸이 된다
손끝의 숨소리가 느리고 빨라지면
자모들은 삶과 죽음을 반복한다
손끝의 숨소리가 강렬해지면
자모들은 상승과 하강을 반복한다
불 꺼진 자판 속
꿈틀대고 있는 한글 자모들,

고무손

숨죽인 배추 속에 고춧가루
버무려 넣는 억센 손
손톱도 없이 빨건 눈물 흘린다
언어의 때가 낀 밥그릇 사이
허연 거품에 미끄러지는 재빠른 손
지문도 없이 굵은 땀방울 맺힌다
시간의 때가 찌든 빨랫감 사이
시꺼먼 포말 뱉아내는 구겨진 손
마디도 없이 뼛속까지 젖는다
낯선 세계로 내던져진 핏덩이
보드랍게 끌어안은 손
손금도 없이 축복의 눈물 흘린다
더운밥 찬밥 가리지 않고 묵묵히
집어 삼킨 손
외줄에 매달려 반쯤 허리 굽힌 채
달콤한 잠에 빠져있다
늙고 병들면 시퍼런 칼날에 네 손은
순대처럼 잘게 썰려
존재하지도 않는 시간 동여맨다

난초

에어컨 실바람 타고
작은 칼 무리가 탁자 위
칼춤을 춘다
날 선 칼끝이 그리는 곡선
사내의 어깨가 으쓱거린다
칼 무리 사이 여린 칼 하나
옥문 살포시 열어
속 내음 살짝 뿜어내자
내 얼굴에 붉은 단풍이 든다
구멍 숭숭 뚫린 자갈밭에
뿌리내린 칼 무리
일주일에 한 번은 찬물로
밑동까지 칼을 갈아야 한다
그해 여름
찜통더위로 집 비운 사이
칼 무리가 녹이 슬어버렸다
되돌릴 수 없는 시간,

얼굴

세찬 비바람이 몰아치면
건물 외벽은 땟물로 얼룩진다
하얀 꽃물 흐르는 벽 줄눈
군데군데 이빨 빠진 벽
타일 조각 이어 붙인 누런 벽,
이방인들 토해낸 언어의 파편이
아로새겨진다
벽에 뚫어 놓은 두개의 구멍
들꽃들이 구멍 밖으로
거친 바람을 불어댄다
머지않아 수십 년 살아온 외벽에
리모델링 공사가 벌어지게 된다
비바람 그치자
구멍으로 빨려 들어오는 빛의 명암,
벽은 변신하는 카멜레온
누런 벽과 검은 구멍의 건물이
떳떳하게 웃고 있다

쏙

남해 바닷물이 달빛에 밀려나가면
모래 개펄에 난 구멍들
쏙이 굴 파고 사는 집이다
굴 밖으로 쏙 얼굴 내밀고
먹이를 찾다가 바닷새 우는 소리에
재빨리 굴 속으로 숨는다
보름달 뜬 바닷가
쏙잡이에 몰려든 외지 사람들
된장 푼 물 쏙집 문간에 뿌리고
쏙 구멍에다 붓대롱 집어넣으면
집게다리로 덜컹 물고 만다
머지않아 모닥불 꼬치구이가 되거나
불 냄비 속 기름에 튀겨져
미식가 식탁에 오를 것이다
통 속에 갇힌 쏙들
고향이 그리워 얼굴 쏙 내밀고
슬픈 미소 짓고 있다

멸치론

성난 파도 넘실대는 그 바닷가
성긴 그물코에 걸려든 작은 용떼
은빛 비늘 자랑하자
뜨거운 태양빛에 그을려 천 년의 화석이 되었구나
우두머리 없이 몰려다니는 색다른 엔초비떼
애 못나 쫓겨난 여인이 떨리는 두 손으로
네 황홀한 몸 애무한다
바다의 신이여, 자식 하나 점지해 주소서
성질 급한 네 영혼으로 키 작은 그물코에 걸려들자마자
바닷가 하얀 눈으로 염장하여 저 멀리
뭍으로 건너가 불멸의 삶 살게 되리라
네 뼈와 살이 불덩이 같은 물속에서 은빛가루 날리며
산산이 녹아버리지만
푸른 바닷속 네 분신들은 긍정의 용트림 무한히
반복하리라

그림자

초량초등학교 운동장
부드러운 달빛이 어리면
그림자들 하나 둘씩 몰려든다
소리 없는 구령에 맞춰
시계 바늘을 되돌리며 원을 그린다
중심에서 멀리 떨어져 돌수록
회춘의 힘이 커진다
옴폭 팬 맨땅의 발자국소리
팔다리 쳐들고 돌고 있다
밤이면 달빛 그림자들
저마다 가슴속 소망 하나 품고
둥근 원을 그리며 돌고 있다
달빛을 안으로 삭히며
묵언수행하는 저 꼬부랑 그림자
나의 어머니,

즐거운 밥상

퇴근길 네 식구 저녁밥상
인심 후한 놀부네 집에서
부대찌개 2인분 포장해 왔다
큰 냄비에 얼큰한 날것 붓고
진한 육수 바특하게 잡아 불 지피는
아내의 손이 살가웠다
밥상을 해맑은 얼굴처럼 닦고
수저 놓는 딸년의 손이 곱살스러웠다
키 작은 냄비가 숨 헐떡거리자
양 귀때기 잡고 밥상으로 옮기는
아들놈의 손이 야무졌다
부대찌개 한 상 차리자마자
네 식구 자리 같이했다
맑은 육수
즐겁게 떨어지는 밥상,

붉은 사과

입덧할 때부터
아내가 즐겨 먹었던 붉은 사과
남산만한 배가 두루뭉술
펑퍼짐한 엉덩이엔
붉은 살이 올랐다
산달이 가까워지자
자다가도 벌떡 뒤돌아 앉아
사각사각거렸다
그해 겨울 산부인과 신생아실
쪼글쪼글한 붉은 사과 녀석
희소식 듣고 달려오신 어머니
주름진 손을 감추셨다
종갓집 며느리로 들어와
새벽마다 할아버지 머리맡에
늙은 사과 반 쪽 갈라
한 맺힌 속살 올리시던
그 질긴 손,

수박

달 밝은 여름밤
시원한 정자나무 아래
초록빛 바다로 넘실대는 천막
할매들이 밀물처럼 몰려들었다
걸쭉한 입담 토해내는 김씨
잘 익은 달덩이 하나 골라
망나니처럼 날 선 칼로 쪼갰다
뚝뚝 떨어지는 붉은 피
물컹한 살 한 점 떼어주었다
손자 머리통만 한 수박을
쪽진 머리에 이고
썰물처럼 사라지는
저 억척스런 할매들,

산복도로

초량 구봉산 밑동
휘감아 도는 산복도로
버스정류장에서 오지 않는 배
하염없이 기다리고 있는 김씨
팔뚝엔 젊은 날의 상처
오롯이 새겨져 있다
끝도 없는 피라미드 계단을
허들 선수처럼 오르내렸다
해무 낀 새벽녘 항구
작은 배 한 척 잠들어 있다
막 도착한 성질 급한 버스
뱃고동을 울린다
허연 담배 연기 속
슬그머니 자리 뜨는 저 노인,

해설

초량동 사람들의 삶에 대한 따뜻한 시선

이승하(시인 · 중앙대 교수)

미지의 독자에게

우수 경칩 다 지났는데 꽃샘추위가 여간 심하지 않습니다. 혹 감기로 고생하고 계시지는 않습니까? 지난겨울은 유난히 추웠고 눈도 많이 왔었다고 기억됩니다. 잔뜩 웅크려 있는 이 마음을 활짝 열고 싶은데 화신이 빨리 올라오지 않으니 답답한 노릇입니다. 하지만 저는 그대에게 한 권의 시집을 소개해 드릴까 합니다. 네 계절이 가을, 겨울, 봄, 여름의 순으로 전개되는 장성호 시인의 첫 시집을 말입니다.

장성호? 장성호가 누구지? 대뜸 물어보시는군요. 저도 이분을 만난 적이 없습니다. 전화 통화조차 해본 적이 없습니다. 약력이 색다르네요. 서울시립대 토목공학과를 졸업하고 서울대 행정대학원을 수료했습니다. 행정고시에 합격하여 공무원의

길을 걸어간 이분은 부산지방국토관리청 건설관리실장을 거쳐 지금 건설교통부 공항개발팀장으로 재직하고 있다고 합니다. 작년에 『시와창작』으로 등단하여 이번에 첫 시집을 내려고 하니 공직생활에서는 베테랑일지 모르지만 시인으로서는 아직 애송이입니다. 나이가 밝혀져 있지는 않지만 "서기 1976년 11월/대입 합격 기원하며"(「홍엽」)라는 시행을 시인 자신의 이야기로 간주한다면 50대로 막 접어든 나이가 아닐까요. 아무튼 문학과는 거리가 한참 먼 '건설관리실장' 으로 재직하면서 시를 써 등단을 했고 시집 원고를 정리했으니 이것만으로도 대단하다고 상찬하지 않을 수 없습니다.

첫 시집의 제일 앞에 놓인 시는 주목을 요합니다. 등단작만큼이나 중요한데, 신춘문예 당선과 달리 문예지를 통해 등단한 이는 첫 시집 제일 앞의 시로 독자에게 첫 인상을 주기 때문이지요.

꼭두새벽
초량동 할매 추어탕집
주둥이 내밀고 잔소리하던 영감탱이
수염 달린 입가에 왕소금 뿌리자
쾨쾨한 해감 토해냈다
손끝으로 한 양동이 뼈째 곱게 갈아
시래기나 고사리 같은 나물거리 넣고
미꾸라짓국 한 솥 끓여냈다
입소문 나 할배들이 몰려와

점심나절 동났다
감나무에 가을 주렁주렁 달리던 그해
늘그막 바람나 딴살림 차렸던 영감탱이
채 달포 못 나 쪽박 신세로 돌아와서도
할매 끓여준 미꾸라짓국 한 그릇
다 비우고 용트림했다

—「추어탕」 전문

추어탕집 할매는 부지런하고 손끝 솜씨가 좋아 장사를 곧잘 하지만 그 집의 영감탱이는 주둥이 내밀고 잔소리만 합니다. 그러던 영감탱이가 바람이 나 딴살림을 차렸으니 할매의 가슴은 멍이 시퍼렇게 들 법도 했겠지요. 영감탱이는 여자에게 능력을 제대로 발휘하지 못했는지 달포도 못 되어 쪽박 신세로 돌아옵니다. 할매는 돌아온 영감탱이에게 별 말이 없이 추어탕 한 그릇을 내밉니다. 영감탱이가 추어탕을 뚝딱 비우고 보니 겸연쩍기 이를 데 없는데, 그래도 가장이랍시고 호기롭게 용트림을 합니다. 할머니는 추어탕 한 그릇 내미는 행위로 남편을 용서하기로 한 것이며, 할아버지는 끄윽 하는 용트림으로 용서해주어 고맙다는 인사말을 대신한 것입니다. 지극히 한국적인 인사법이라고 할 수 있겠지요. 두 사람 사이에 전해진 마음의 전류를 파악하지 못했다면 이 시를 제대로 읽지 못한 것입니다. 이 시를 읽은 그대, 장성호 시인이 유머 감각을 갖고 있으며 인정 미담을 잘 다룰 것이라고 생각했습니까? 그렇게 생각했다면 제대로 읽은 것입니다. 식당을 하는 또 한 분의 할머니가 나오는 시가 「어머니 밥상」입니다.

비릿한 바람
가을의 문턱 넘어서는 칠암식당
삼대째 칼 잡은 주인집 할머니의
손끝이 분주하다
앞바다에서 막 건져 올려 고슬고슬한
밥 한 상 차리신다
오래된 대나무 쟁반에 소복이 담긴
쌀밥이 꼬들꼬들하다
살 오른 실 붕장어 세꼬시에서
기름기와 물기 쫙 빼낸 새하얀 밥알,
한 숟갈 듬뿍 떠 상추에 싸서
초고추장에 버무린 잘게 썬 양배추
얹어 먹으면 고소한 바닷냄새로
입에 척척 감긴다
가을만 되면 고향 찾아와
칠암 앞바다 어머니 밥상 받아드는
떠돌이 김씨,

—「어머니 밥상」 전문

이 시에서도 이야기가 전개됩니다. 떠돌이 김씨는 가을만 되면 고향에 한 번은 가지요. 칠암식당 주인집 할머니가 김씨의 어머니입니다. 이 할머니가 차리는 밥상에 올라오는 것은 "앞바다에서 막 건져 올려 고슬고슬한", "살 오른 실 붕장어 세꼬시에서/기름기와 물기 쪽 빼낸 새하얀 밥알", 즉 바다의 산물이며 바다 바로 그 자체입니다. 그런데 칠암식당의 주인 할머니는 삼대째 칼을 잡고 있는 분입니다. 허구한 날 물고기의 배를 따고, 회를 뜨고, 매운탕을 끓였던 것이지요. 이 짓거리가 싫어 떠돌이 생활을 하는 김씨일지라도 가을이 되면 어머니가 바다의 산물로 차린 밥상을 받지 않을 수 없는 것은, 이 맛을 어디 가도 못 잊기 때문이지요. 맛만 잊지 못하는 것일까요? 김씨는 어머니가 정성껏 차려 주신 그 밥상이 그리워 또다시 고향마을을 찾아온 것입니다. 칠암 앞바다가 그대로 어머니의 밥상이 되는 끝 부분의 기교는 대단히 신선한 느낌을 줍니다. 또한 식당 주인 할머니의 이야기에서 시작되어 그의 아들인 떠돌이 김씨의 등장으로 시가 마무리되는 극적 구성도 상당히 세련된 플롯이라고 여겨집니다.

이 두 편의 시만 보아도 몇 가지 알 수 있는 것들이 있습니다. 시인이 관심을 갖고 있는 대상은 이 땅의 서민들입니다. 성격 순박하고 살림살이 소박한 장삼이사張三李四들의 평범한 삶을 유심히 살펴보고, 그들을 주인공으로 내세워 시를 씁니다. 쓸데없는 난해함이 우리 시를 좀먹고 있어 안타까움을 많이 느끼고 있는 이때, 장성호 시인의 이런 시, 다시 말해 이해하기 쉽고 사람의 체취가 전해지는 이런 시는 오히려 더욱 소중한 값어치를 지니고 있지 않을까요. 장성호의 시는 격한 슬픔 대신에 잔잔한 감동을 전해줍니다. 억울하다는 감정 대신에 아련한 그리움을 불러일으킵니다. 자신의 내면세계를 탐색하는 대신에 이웃의 헐벗은 삶을 긍정적으로 바라보면서 따뜻하게 감싸안으려고 합니다. 소통 부재의 독백을 하지 않고, 그 대신에 독자에게 정겹게 대화를 청합니다.

발자취 드문 지하상가 1호실
흰 봉투 하나 내놓고 받아든
노란 국화 한 송이
반갑게 맞아 주시는 할아버지
왼 가슴에 고이 달아 드렸다
큰절 두 번 올리고 나니
잊지 않고 찾아 주어 고맙다며
홍어회 한 접시랑 술 한 병 내놓으셨다
가을 물들어가는 고향 선산으로
아침 일찍 떠나시는 할아버지,
서둘러 몸 정갈하게 씻으시고
새 옷으로 갈아입으셨다
허리끈 꽁꽁 묶으시고

—「문상」 전문

큰 병원의 영안실이 아니고 사람의 발자취도 드문 지하상가 1호실에 마련된 빈소입니다. 가난한 서민의 죽음임을 첫 행에서 알 수 있습니다. 가난하게 살다 죽은 할아버지의 영혼이 조문객을 반갑게 맞이합니다. 할아버지는 살아생전에 시인을 포함한 주변 사람들이 찾아오면 반갑게 맞아 주었던 분이 아니었

을까요. 그만큼 평소에 정이 많았던 분이라 돌아가신 지금도 상주가 아니라 고인의 영혼이 나를 반갑게 맞이한다는 착각에 사로잡히게 된 것이겠지요. "큰절 두 번 올리고 나니/잊지 않고 찾아 주어 고맙다며/홍어회 한 접시랑 술 한 병 내놓으셨다"는 대목에 이르러서는 시인의 유머 감각에 미소를 머금게 됩니다. 늘 몸차림이 깨끗했던 할아버지였으니 아침 일찍, 서둘러 몸 정갈하게 씻고, 그런 뒤에 새 옷으로 갈아입고는 고향 선산으로 가실 거라는 상상을 시인은 해봅니다. 이 시 한 편 쓰기가 곧바로 문상하는 행위가 된 것입니다. 유머 감각을 느낄 수 있지만 페이소스도 함께 느끼게 되는 시—장성호 시의 매력 중 하나가 아닐까요.

시를 좋아하는 미지의 독자여! 지금까지 가을 시편을 세 편 감상해 보았으니 봄 시편을 볼까요. 이번 겨울에 추위로 고생을 한 탓인지 얼른 봄 이야기를 듣고 싶습니다.

봄 햇살에 기지개 켜는 초량동 산동네 집 옥상
일광욕하고 있는 쌍둥이 LPG 가스통
벽체 균열 사이 새겨진 연둣빛 용 그림 이끼떼
봄 이야기에 빠져 있는 난쟁이 화분 속 잡초들,
이질적인 오래된 친구들이 한데 어울려
자아내는 오묘한 풍광이다
꽁초 담배 문 노파가 병목 계단에 오른다
빨랫줄에 걸린 알록달록한 손빨랫감들
고이 가슴에 간직한 비밀이 펼쳐진다

어제는 구멍난 팬티, 빛바랜 속치마, 검은 양말

—「즐거운 반복」 전반부

봄을 맞은 초량동 산동네의 풍광이 세밀하게 묘사되어 있습니다. "벽체 균열"과 "난쟁이 화분 속 잡초들", "알록달록한 손빨랫감들", "구멍난 팬티, 빛바랜 속치마" 등이 상징하는 것은 무엇일까요. 빈한한 살림살이지요. 산동네 사람들의 삶이니 궁핍한 것은 당연한 일입니다만…….

오늘은 살색 브래지어, 하얀 블라우스, 하얀 셔츠
도래할 미래는 희망이라는 빨랫감
세계—내—삶은 단 한 번 던져지는 주사위놀이다
세계는 식별 불가능하고 측정 불가능한 어두운 심연
예측 불가능한 삶은 즐겁게 반복된다
다채로운 삶이 무한히 변주된다
시시각각 옥상에서는 각본 없는 극적인 삶이 벌어진다
도래할 미래의 삶은 얼굴 없는 칠판
차이 나는 것이 쓰여지고 지워지고 지워지고 쓰여진다
긍정의 긍정이 무한 반복된다
그 칠판은 시간이 만들어내는 선물

—「즐거운 반복」 후반부

전반부에서는 산동네 주민들의 삶이 '얼룩'으로 그려지고 있지만 후반부에서는 그와 반대로 즐겁게 반복되는 예측 불가능한 삶, 다채로운 삶, 각본 없는 극적인 삶으로 그려지고 있습니다. "얼굴 없는 칠판"에 "차이 나는 것이 쓰여지고 지워지고 지워지고 쓰여진다"고 했는데, 빈한한 살림살이가 이 부분에도 잘 나타나 있다고 보았습니다. '차이'는 가진 자들과의 차이라고 여겨집니다. 경제 능력의 차이, 교육 정도의 차이, 신분상의 차이……. 하지만 시인은 이런 빈한한 삶을 놀랍게도 "긍정의 긍정이 무한 반복되는" 것으로 보았습니다. 가난한 서민을 대상으로 하여 시를 쓸 때 이 땅의 많은 시인들은 그네들을 연민의 대상으로 삼거나 항쟁의 주체로 삼아왔는데 장성호 시인은 그렇게 하지 않습니다. "도래할 미래는 희망이라는 빨랫감"이라는 시행에 주제가 잘 드러나 있습니다. 그들 나름대로 많은 어려움을 겪고 있지만 기본적으로는 밝은 미래를 꿈꾸며 살아가는, 긍정적이고 적극적인 삶의 주체로 서민들을 보고 있습니다. 장삼이사라고 하여 다들 권력과 부를 가진 자들에 의해 억눌려 있는 존재로, 분노의 분출구를 찾으려고 발버둥치는 존재로 보지 않고 있다는 것입니다. 물론 상대적 박탈감을 어찌할 수 없어 분노를 지닌 채 살아가지만 그들도 인생의 희로애락을 느낄 줄 알고, 가진 자들보다 더욱 인간적인 존재임을 시인은 잘 알고 있습니다. 그들을 진정한 이웃으로 설정, 고락을 함께 하려는 정신이 곧 장성호 시인의 시정신이라고 할 수 있을 것입니다.

시인의 시는 상당수 부산시 초량동을 무대로 하고 있습니다. 초량동이 확실히 명시되어 있는 시는 예로 든 「추어탕」과 「즐거운 반복」 외에 「전어」 「시장통 할매」 「시간그물」 「선술집」 「고향」 「타인」 「바나나」 「그림자」 「산복도로」 등 10편에 달합니다. 시인이 성장기를 보낸 곳이 바로 이곳이 아닐까 하는 생각이 듭니다. 이곳에는 집 나간 아내가 돌아오기를 손꼽아 기다리는 산동네 남정네들이 있고(「전어」), 새까만 앞치마 주머니에서 천 원짜리 지폐를 한 묶음 꺼내 침을 발라가며 세는 목이 쉰 할매(「시장통 할매」)가 있습니다. 사랑하는 사람을 떠나보내고 검은 망사 모자 쓰고 울음을 참는 아낙네도 있습니다(「시간그물」). 어시장을 끼고 형성되어 있는 산동네에서 살아가는 사람들은 하나같이 가난하고 상처도 많지만 정이 또한 많습니다. 내 집에 온 이에게 밥 한 그릇이라도 따뜻하게 대접하고 싶어하는 사람들이 장성호 시인의 시집에 나오는 사람들입니다.

이 시집에는 부산시 초량동을 무대로 한 시가 아니더라도 강가에 자리잡은 마을과 바닷가 마을을 무대로 한 시가 절반 이상을 차지하고 있습니다. 이런 시에는 대부분 우리에게 친숙한 먹거리가 나옵니다. 재첩국, 멍게 속살, 기장돌미역, 고등어구이, 생태지리, 북어국, 알 밴 꽃게, 부대찌개……. 평소에 자주 먹을 수 있는 것들은 아니지만 고향의 미각으로서, 유년기에 대한 향수를 불러일으키는 것들이지요. 초량동 시장 골목길에 있는 고향 식당에 들른 시인이 홍어회를 먹다 울음을 터뜨리는 장면이 보입니다.

> 눈 밑에 새겨진 주단 물결도
> 썰물처럼 서서히 빠져나가자
> 흑산도 홍어회 칼로 얇게 저며

밀물처럼 밀려온다
먼 바다 비린내에 취해
콧등의 잔주름들 고요하다
홍어회 한 점에 고추 깨소금 입히고
묵은 김치 혀끝에 올려지자
폭포수처럼 터지는 눈물
나는 술잔에 바다를 담아 마신다
―「고향」 후반부

저는 이 시가 시인의 실제 체험을 살려서 쓴 작품이라고 생각합니다. 흑산도 홍어회는 자주 맛볼 수 있는 것이 아니지요. 그래서 시인의 뇌리 깊숙한 곳에 숨어 있던 홍어회의 맛은(고추와 깨소금이 곁들여지고, 또한 빠질 수 없는 것이 묵은 김치입니다) 묘한 향수를 느끼게 해 그만 울음을 터뜨리고 맙니다. "폭포수처럼 터지는 눈물"이 실제 상황이 아니라 하더라도 지나간 어떤 시절에 대한 감회가 격한 감정으로 이어졌을 수 있습니다. 시인은 도회지에서 살아가면서도 고향을 늘 그리워하면서 향수병을 앓아온 사람임을 알겠습니다. 그들이 초라한 옷을 입고 험한 일을 하면서 살아가고 있을지언정, 아니 그렇기 때문에 시인은 더욱 그들에게 애정을 갖고 있을 것입니다.

미지의 독자 여러분!

장성호 시인은 늦깎이로 시단에 나온 분입니다. 그런 만큼 더욱 성실히 시를 쓰고 심혈을 기울여 퇴고하도록 우리 그를 만나면 이야기해 줍시다. 그런데 조금 서둘러 내는 시집이 아닌가 우려됩니다. 여러분도 알게 되었을 터인데, 사실상 설익은 시도 적지 않습니다. 하지만 첫술에 배부를 리 없지요. 미흡한 구석이 있는 이번 시집을 극복의 대상으로 삼아서 더욱 치열하게 시 쓰기를 계속한다면 장성호 시인은 시단에서도 분명히 일가를 이룰 수 있을 것입니다. 장 시인이 지니고 있는 '소박함'과 '투박함'은 장점이 될 수도 있지만 단점이 될 수도 있습니다. 공직생활도 중요한 것입니다. 국토의 건설과 관리에 소홀히 하지 않는 한편으로 시 쓰기에 매진하여 더욱 좋은 시를 써주실 것을 시인에게 당부합시다. 서민들과 고락을 같이 하고자 하는 그 마음이 변치 않기를 독자 여러분과 더불어 간곡히 부탁드리면서 저는 시편 읽기를 여기서 이만 끝맺겠습니다.

마음의詩 08
가을겨울봄여름

초판인쇄 2006년 03월 27일
초판발행 2006년 03월 31일

지 은 이 장성호
펴 낸 이 김충규
펴 낸 곳 문학의전당
출판등록 제387－2003－00048호(2003년 9월 8일)

주 소 152－841 서울특별시 구로구 구로6동 97－1 로얄프라자 206호
홈페이지 mhjd2003.com
전자우편 mhjd2003@naver.com
전화번호 02－852－1977
팩시밀리 02－852－1978

ISBN 89－91006－37－× 03810